INVENTAIRE
Ye 31.798

Recueil

Des Poésies pour
les jours de naissance

RECUEIL DE POÉSIES

POUR LES

JOURS DE NAISSANCE

Les lois de nos destins sur terre,
Dieu les écrit.
V. Hugo.

PARIS

GRASSART, LIBRAIRE-ÉDITEUR

2, RUE DE LA PAIX, 2

1878

Offert en témoignage d'affection

A

Madame la Princesse A. S.

par

Mlles N. C. d'O.

RECUEIL DE POÉSIES

POUR LES

JOURS DE NAISSANCE

Janvier 1.

Gloire à Dieu seul! son nom rayonne en ses ouvrages!
Il porte dans sa main l'univers réuni;
Il mit l'éternité par-delà tous les âges,
Par-delà tous les cieux il jeta l'infini.

V. HUGO.

Janvier 2.

Seigneur, je crois en toi, je crois en ta clémence,
Je crois en ton cœur paternel
Qui couvre l'univers d'un amour vaste, immense,
Et comme sa source, éternel.
Mais je crois avant tout à ta sainte justice.

ÉDOUARD GRENIER.

Janvier 3.

Peuples, vous ignorez le Dieu qui vous fit naître ?
Et pourtant vos regards le peuvent reconnaître ;
Dans vos biens, dans vos maux, à toute heure, en
[tout lieu,
Un Dieu compte vos jours, un Dieu règne en vos fêtes.

V. HUGO.

Janvier 4.

Vivre, sachez-le bien, n'est ni voir ni savoir ;
C'est sentir, c'est aimer ; aimer, c'est là tout vivre.

SAINTE-BEUVE.

Janvier 5.

Chrétiens, souvenons-nous que le chrétien suprême
N'a légué qu'un seul mot pour prix d'un long blasphème
A cette arche vivante où dorment ses leçons ;
Et que l'homme, outrageant ce que notre âme adore,
Dans notre cœur brisé ne doit trouver encore
Que ce seul mot : « Aimons ! »

LAMARTINE.

Janvier 6.

Les dévoûments obscurs sont les plus magnifiques ;
Dans l'ombre et le silence ils restent confondus :
C'est la voix du désert chantant les saints cantiques
Qui montent jusqu'à Dieu de lui seul entendus.

Mme JANVIER.

Janvier 7.

La nature a deux chants, de bonheur, de tristesse,
Qu'elle rend tour à tour, ainsi que notre cœur ;
De l'une à l'autre note elle passe sans cesse :
Homme, l'une est ta joie, et l'autre ta douleur !

LAMARTINE.

Janvier 8.

Qui donne aux pauvres prête à Dieu.
Le bien qu'on fait parfume l'âme ;
On s'en souvient toujours un peu !

V. HUGO.

Janvier 9.

Aimez votre jeunesse, aimez, gardez-la toute !
Elle est de vos aînés l'espoir et le trésor ;
Portez-la fièrement sans en perdre une goutte,
Portez-la devant vous, comme un calice d'or.

VICTOR DE LAPRADE.

Janvier 10.

S'il est des jours amers, il en est de si doux !
Hélas ! quel miel jamais n'a laissé de dégoûts ?
Quelle mer n'a point de tempête ?

A. CHÉNIER.

Janvier 11.

Louez Dieu par toute la terre,
Non pour la crainte du tonnerre
Dont il menace les humains ;
Mais pour ce que sa gloire en merveilles abonde.

MALHERBE.

Janvier 12.

On dit que sur les cœurs, pleins de trouble et d'effroi,
  Votre grâce s'épanche,
Soutenez-moi, Seigneur! Seigneur, soutenez-moi,
  Car je sens que tout penche !

V. HUGO.

Janvier 13.

Dans nos jours passagers de peines, de misères,
Enfants d'un même Dieu, vivons du moins en frères ;
Aidons-nous l'un et l'autre à porter nos fardeaux :
Nous marchons tous courbés sous le poids de nos [maux;
Mille ennemis cruels assiègent notre vie,
Toujours par nous maudite et toujours si chérie.

VOLTAIRE.

Janvier 14.

Moi, quel que soit le monde, et l'homme, et l'avenir,
Soit qu'il faille oublier ou se ressouvenir,
  Que Dieu m'afflige ou me console,
Je ne veux habiter la cité des vivants
Que dans une maison qu'une rumeur d'enfants
  Fasse toujours vivante et folle.

V. HUGO.

Janvier 15.

Conserve-nous, mon Dieu, ces jours de ta promesse,
Ces labeurs, ces doux soins, cette innocente ivresse
D'un cœur qui flotte en paix sur les vagues du temps.
Comme l'aigle endormi sur l'aile des autans,
Comme un navire en mer qui ne voit qu'une étoile,
Mais où le nautonier chante en paix sous sa voile!

                                LAMARTINE.

Janvier 16.

Dans cette vie obscure à mes regards voilée,
Quel destin m'est promis ? à quoi suis-je appelée ?
Avide d'un espoir qu'à peine j'entrevois,
Mon cœur voudrait franchir plus de jours à la fois!

                                Mme AMABLE TASTU.

Janvier 17.

Du bras dont il venge ses droits,
Le Seigneur soutient ceux qu'il aime,
Et les aide à porter la croix.
Il montre, en visions étranges,
A Jacob l'échelle des anges,
A Saül les antres d'Endor;
Sa main mystérieuse et sainte
Sait cacher le miel dans l'absinthe,
Et la cendre dans les fruits d'or.

                                    V. HUGO.

Janvier 18.

Croyez-moi, la prière est un cri d'espérance !
Pour que Dieu nous réponde adressons-nous à lui.
Il est juste, il est bon ; sans doute il vous pardonne.
Tous vous avez souffert, le reste est oublié.

A. DE MUSSET.

Janvier 19.

..... Espérez ! et fiez-vous au Père !
L'hirondelle n'a point de palais sur la terre,
Elle trouve au sommet de la tour solitaire
Une tuile pour ses petits.
Le passereau n'a pas semé la graine amère ;
Mais de tous ses enfants la Providence est mère :
L'une a le toit du riche, et l'autre a ses épis !

LAMARTINE.

Janvier 20.

.... Dans la pauvre âme humaine,
La meilleure pensée est toujours incertaine ;
Mais une larme coule et ne se trompe pas.

A. DE MUSSET.

Janvier 21.

Le sort des nations, comme une mer profonde,
A ses écueils cachés et ses gouffres mouvants.
Aveugle qui ne voit, dans les destins du monde,
Que le combat des flots sous la lutte des vents!

V. HUGO.

Janvier 22.

Qu'est-ce donc que vieillir, quand pleins d'œuvres
[fécondes
Nous voyons doucement s'amonceler nos jours,
Comme au temps des moissons où les javelles blondes
Avec l'heure qui fuit, vont s'amassant toujours ?
Qu'est-ce donc que vieillir, quand cet âge n'enlève
A nos jeunes penchants qu'un peu d'âpre verdeur,
Quand l'esprit et le cœur gardent toute leur sève,
Comme un vin généreux que le temps rend meilleur ?
Qu'est-ce donc que vieillir, quand le front se couronne,
D'un nom qui, transmis pur, nous revient glorieux,
Quand de chers rejetons parfument notre automne,
Des fleurs de leur printemps écloses sous nos yeux ?

Mme AMABLE TASTU.

Janvier 23.

Non, le Dieu qui m'a fait ne m'a point fait en vain;
Sur le front des mortels il mit son sceau divin :
Je ne puis ignorer ce qu'ordonna mon maître;
Il m'a donné sa loi, puisqu'il m'a donné l'être.
La morale, uniforme en tout temps, en tout lieu,
A des siècles sans fin parle au nom de ce Dieu.

VOLTAIRE.

Janvier 24.

La gloire d'une âme fidèle
Est de souffrir sans murmurer.

MALHERBE.

Janvier 25.

Tentant mille sentiers sans savoir lequel suivre,
Où n'ai-je pas erré ?... Mais errer, est-ce vivre ?...
N'est-il pas dans le ciel, en nous-même, ici-bas,
Quelque but éclatant pour diriger nos pas
Et vers qui l'Espérance, en marchant, puisse dire :
« S'il m'échappe, du moins je sais à quoi j'aspire ? »

LAMARTINE.

Janvier 26.

Donnez à qui prie et demande,
Car au seuil de l'éternité
Il n'est qu'un mot que l'ange entend
Et qui fasse ouvrir..... *charité.*

MARIE LAFON.

Janvier 27.

Quoique tu sois le seul qu'ici-bas je redoute,
C'est toi seul qu'ici-bas je souhaite d'ouïr ;
Parle donc, ô mon Dieu, ton serviteur écoute,
Et te veut obéir.

P. CORNEILLE.

Janvier 28.

Rien de Dieu ne trompe l'attente ;
Et la vie est comme une tente
Où l'on dort avant le combat.

V. HUGO.

Janvier 29.

Dieu, que sont les mortels sous tes puissantes mains?
Par des vœux suppliants nos alarmes t'implorent ;
Bénis, Dieu paternel, tes enfants qui t'adorent ;
Rends-les à leur patrie, à ton culte, à ta loi ;
La force et la vertu ne viennent que de toi.

ESMÉNARD.

Janvier 30.

La plus belle victoire est de vaincre son cœur.

LA FONTAINE.

Janvier 31.

Mon Dieu, quelle guerre cruelle !
Je trouve deux hommes en moi :
L'un veut que plein d'amour pour toi,
Mon cœur te soit toujours fidèle,
L'autre à tes volontés rebelle,
Me révolte contre ta loi.

RACINE.

Février 1.

Jouissons de l'heure rapide :
Le temps fuit, mais son flot limpide
Du ciel réfléchit les couleurs.

LAMARTINE.

Février 2.

J'ai révélé mon cœur au Dieu de l'innocence ;
Il a vu mes pleurs pénitents ;
Il guérit mes remords ; il m'arme de constance :
Les malheureux sont ses enfants.

GILBERT.

Février 3.

Nos jours passent comme le vent ;
Les plaisirs nous vont décevant ;
Et toutes les faveurs humaines
Sont hémérocalles d'un jour ;
Grandeurs, richesses et l'amour
Sont fleurs périssables et vaines.

MALHERBE.

Février 4.

Si Dieu n'existait pas, il faudrait l'inventer.
Que le sage l'annonce, et que les grands le craignent.
Rois, si vous m'opprimez, si vos grandeurs dédaignent
Les pleurs de l'innocent que vous faites couler,
Mon vengeur est au ciel : apprenez à trembler.

VOLTAIRE.

Février 5.

Chacun de vous peut-être, en son cœur solitaire,
Sous des ris passagers étouffe un long regret ;
Hélas ! nous souffrons tous ensemble sur la terre,
  Et nous souffrons tous en secret !

V. HUGO.

Février 6.

Ne la dispersons pas, cette vie éphémère !
Doublons le temps rapide, armons l'heure légère ;
Soyons dès le matin vigilant : agissons !
Bêchons le champ de l'âme, ayons plusieurs moissons !

BLANCHECOTTE.

Février 7.

Tant qu'il brille ici-bas, tout astre a son nuage.

LAMARTINE.

Février 8.

Oui, c'est un Dieu caché que le Dieu qu'il faut croire ;
Mais, tout caché qu'il est, pour révéler sa gloire,
Quels témoins éclatants devant moi rassemblés !
Répondez, cieux et mers, et vous, terre, parlez !

RACINE FILS.

Février 9.

Ton âme, inégale aux luttes prochaines,
Ne peut rien sans Dieu... mais tout avec lui.

VICTOR DE LAPRADE.

Février 10.

Quand vous auriez les vents collés sous vos aisselles,
Ou quand l'aube du jour vous presterait ses ailes,
Les monts vous ouvriraient le plus profond rocher,
Quand la nuit tâcherait en sa nuit vous cacher,
Vous enceindre la mer, vous enlever la nue,
Vous ne fuirez de Dieu ni le doigt ni la vue.

AGRIPPA D'AUBIGNÉ.

Février 11.

.... Il n'est que les grands cœurs
Qui sentent la pitié que l'on doit aux malheurs,
Qui sentent d'un bienfait le plaisir et la gloire.

LA HARPE.

Février 12.

Il est certains esprits dont les sombres pensées
Sont d'un nuage épais toujours embarrassées :
Le jour de la raison ne le saurait percer.

BOILEAU.

Février 13.

Qui connaît le destin ? qui sonda le peut-être ?
Oui, l'heure énorme vient, qui fera tout renaître,
Vaincra tout, changera le granit en aimant,
Fera pencher l'épaule au morne escarpement,
Et rendra l'impossible aux hommes praticable.

V. HUGO.

Février 14.

Le péché me surmonte, et ma peine est si grande,
Lorsque, malgré moi-même, il triomphe de moi,
Que, pour me retirer du gouffre où je me voi,
Je ne sais quel hommage il faut que je te rende.

OGIER DE GOMBAULT.

Février 15.

Ah! l'homme est le livre suprême :
Dans les fibres de son cœur même,
Lisez, mortels : Il est un Dieu !

LAMARTINE.

Février 16.

Pardonnez-moi, Seigneur! Je suis faible; ma voix
S'élève encor vers vous une dernière fois ;
Parlez, Dieu tout-puissant! de ces biens de la vie
Me rendrez-vous ailleurs la part qui m'est ravie ?...
Ce bonheur fugitif que j'espérai longtemps,
Je ne l'ai point goûté, Seigneur, et je l'attends !

Mme AMABLE TASTU.

Février 17.

Les rois dans le ciel ont un juge sévère,
L'innocence un vengeur, et l'orphelin un père.

RACINE.

Février 18.

Le vrai trésor rempli de charmes,
C'est un groupe, pour vous priant,
D'enfants qu'on a trouvés en larmes
Et qu'on a laissés souriants !

V. HUGO.

Février 19.

Oui, Platon, tu dis vrai : notre âme est immortelle;
C'est un Dieu qui lui parle, un Dieu qui vit en elle.
Et d'où viendrait, sans lui, ce grand pressentiment,
Ce dégoût des faux biens, cette horreur du néant ?

VOLTAIRE.

Février 20.

De quelque jus divin que Dieu nous la remplisse,
Toute l'eau de la vie a le goût du calice ;
La joie a son ennui, le plaisir sa langueur :
L'erreur du malheureux, c'est de croire au bonheur.

LAMARTINE.

Février 21.

L'enfant, au renouveau, peut-il gémir longtemps ?
Le brin d'herbe l'amuse et la feuille l'attire !
Sait-on combien de pleurs peut sécher un printemps,
Et le peu dont le pauvre a besoin pour sourire ?

EUGÈNE MANUEL.

Février 22.

Chers enfants, bénissez, si votre cœur comprend,
Cet œil qui voit l'insecte et pour qui tout est grand.

LAMARTINE.

Février 23.

Donnez! afin que Dieu, qui dote les familles,
Donne à vos fils la force et la grâce à vos filles;
Afin que votre vigne ait toujours un doux fruit;
Afin qu'un blé plus mûr fasse plier vos granges;
Afin d'être meilleurs; afin de voir les anges
  Passer dans vos rêves la nuit !

V. HUGO.

Février 24.

Quel que soit le malheur dont le destin m'accable,
Je le supporte en homme et l'accepte en coupable.

H. DE BORNIER.

Février 25.

Notre vie est semblable au fleuve de cristal
Qui sort, humble et sans nom, de son rocher natal.
Tant qu'au fond du bassin que lui fit la nature
Il dort, comme au berceau, dans un lit sans murmure,
Toutes les fleurs des champs parfument son sentier,
Et l'azur d'un beau ciel y descend tout entier.

LAMARTINE.

Février 26.

De leur meilleur côté tâchons de voir les choses.
Vous vous plaignez de voir les rosiers épineux ;
Moi je me réjouis et rends grâces aux cieux
    Que les épines aient des roses.

ALPH. KARR.

Février 27.

Mets ton esprit hors de ce monde !
Mets ton rêve ailleurs qu'ici-bas !
Ta perle n'est pas dans notre onde !
Ton sentier n'est point sous nos pas !

V. HUGO.

Février 28.

Honte à qui voit le mal sans que le mal le navre,
Ou qui, voyant le bien, n'est ivre de bonheur !

BRIZEUX.

Février 29.

Rien n'est vrai, rien n'est faux; tout est songe et
[mensonge,
Illusion du cœur qu'un vain espoir prolonge,
Nos seules vérités, hommes, sont nos douleurs ;
Cet éclair dans nos yeux que nous nommons la vie
Brille à peine un moment à notre âme éblouie,
    Qu'il s'éteint et s'allume ailleurs !

LAMARTINE.

Mars 1.

L'Eternel est son nom, le monde est son ouvrage ;
Il entend les soupirs de l'humble qu'on outrage,
Juge tous les mortels avec d'égales lois,
Et du haut de son trône interroge les rois.

RACINE.

Mars 2.

Je conviens à genoux que vous seul, Père auguste,
Possédez le réel, l'infini, l'absolu ;
Je conviens qu'il est bon, je conviens qu'il est juste
Que mon cœur ait saigné, puisque Dieu l'a voulu !

V. HUGO.

Mars 3.

Vouloir ce que Dieu veut est la seule science
        Qui nous met en repos.

MALHERBE.

Mars 4.

Ici-bas la douleur à la douleur s'enchaîne,
Le jour succède au jour, et la peine à la peine.
Borné dans sa nature, infini dans ses vœux,
L'homme est un dieu tombé qui se souvient des cieux.

LAMARTINE.

Mars 5.

    L'homme, en sa course passagère,
    N'est rien qu'une vapeur légère
    Que le soleil fait dissiper :
    Sa clarté n'est qu'une nuit sombre ;
    Et ses jours passent comme l'ombre
    Que l'œil suit et voit échapper.

J.-B. ROUSSEAU.

Mars 6.

Rêver, c'est le bonheur; attendre, c'est la vie.

V. HUGO.

Mars 7.

La vertu glorieuse a le regard des hommes;
L'autre a celui du Dieu juste et mystérieux,
La première a sa fin dans le monde où nous sommes;
L'autre naît sur la terre et ne fleurit qu'aux cieux.

Mme JANVIER.

Mars 8.

La vie est un degré de l'échelle des mondes
Que nous devons franchir pour arriver ailleurs.

LAMARTINE.

Mars 9.

Soyons contents du nécessaire,
Sans jamais souhaiter de trésors superflus ;
Il faut les redouter autant que la misère,
Comme elle, ils chassent les vertus.

FLORIAN.

Mars 10.

Ne vous endormez pas ! Travaillez sans relâche !
Car les grands ont leur œuvre et les petits leur tâche.

V. HUGO.

Mars 11.

Pour s'élancer, Seigneur, où ta voix les appelle,
Les astres de la nuit ont des chars de saphirs ;
Pour s'élever à toi, l'aigle au moins a son aile ;
Nous n'avons rien que nos soupirs.

LAMARTINE.

Mars 12.

De tant de passions que nourrit notre cœur,
Apprenez qu'il n'en est pas une
Qui ne traîne après soi le trouble, la douleur,
Le repentir ou l'infortune.

Mme DESHOULIÈRES.

Mars 13.

Le bien de la fortune est un bien périssable ;
Quand on bâtit sur elle, on bâtit sur le sable.
Plus on est élevé, plus on court de dangers :
Les grands pins sont en butte aux coups de la tempête;
Et la rage des vents brise plutôt le faîte
Des palais de nos rois que les toits des bergers.

RACAN.

Mars 14.

Donnez, méchants, Dieu vous pardonne ;
Donnez, ô bons, Dieu vous bénit !

V. HUGO.

Mars 15.

O vous qui vous aimez et qui restez ensemble !
Vous qui pouvez encor prier en souriant,
Un mot à Dieu pour ceux qui pleurent en priant,
Vous qui restez ensemble !

Mme D'ARBONVILLE.

Mars 16.

Étendre son esprit, resserrer ses désirs,
C'est là le grand secret ignoré du vulgaire.

LAMARTINE.

Mars 17.

Mais Dieu t'entend gémir, Dieu, vers qui te ramène
Un vrai remords né des douleurs,
Dieu qui pardonne enfin à la nature humaine,
D'être faible dans les malheurs.

GILBERT.

Mars 18.

Marchons les yeux toujours tournés vers le soleil ;
Nous ne verrons pas l'ombre !

V. HUGO.

Mars 19.

La gloire des méchants est pareille à cette herbe
Qui, sans porter jamais ni javelle ni gerbe,
Croît sur le toit pourri d'une vieille maison ;
On la voit sèche et morte aussitôt qu'elle est née,
Et vivre une journée
Est réputé pour elle une longue saison.

MALHERBE.

Mars 20.

Le temps, qui change tout, change aussi nos humeurs ;
Chaque âge a ses plaisirs, son esprit et ses mœurs.

BOILEAU.

Mars 21.

Demandons l'un pour l'autre une mer sans orage,
Un ciel d'azur, un port au terme du voyage.

LAMARTINE.

Mars 22.

Tu as tout l'univers, où ta gloire on contemple,
Pour marchepied la terre et le ciel pour un temple;
Où te chassera l'homme, ô Dieu victorieux?
Tu possèdes le ciel et les cieux des hauts lieux.

AGRIPPA D'AUBIGNÉ.

Mars 23.

La douleur est un fruit : Dieu ne le fait pas croître
Sur la branche trop faible encor pour le porter.

V. HUGO.

Mars 24.

Et moi, pour te louer, Dieu des soleils, qui suis-je?
    Atome dans l'immensité,
    Minute dans l'éternité,
Ombre qui passe et qui n'a plus été,
    Peux-tu m'entendre sans prodige?
    Ah! le prodige est ta bonté!

LAMARTINE.

Mars 25.

Le travail est souvent le père du plaisir.
Je plains l'homme accablé du poids de son loisir
Le bonheur est un bien que nous vend la nature :
Il n'est point ici-bas de moissons sans culture ;
Tout veut des soins sans doute, et tout est acheté.

VOLTAIRE.

Mars 26.

Ne te plains pas d'hier! laisse venir l'aurore.

A. DE MUSSET.

Mars 27.

L'avenir est à Dieu.

V. HUGO.

Mars 28.

Ni l'or ni la grandeur ne nous rendent heureux.
Ces deux divinités n'accordent à nos vœux
Que des biens peu certains, qu'un plaisir peu tranquille :
Des soucis dévorants c'est l'éternel asile.

LA FONTAINE.

Mars 29.

Dieu ne mesure pas nos sorts à l'étendue :
La goutte de rosée à l'herbe suspendue
Y réfléchit un ciel aussi vaste, aussi pur
Que l'immense Océan dans ses plaines d'azur !

LAMARTINE.

Mars 30.

Tout homme a ses douleurs. Mais aux yeux de ses
[frères
Chacun d'un front serein déguise ses misères.

A. CHÉNIER.

Mars 31.

Dieu, dans son harmonie, également emploie
Le cèdre qui résiste et le roseau qui ploie.

V. HUGO.

Avril 1.

Oui, contre deux amis la fortune est sans armes;
Ce nom répare tout : sais-je, grâce à ses charmes,
Si je donne ou j'accepte ? Il efface à jamais
Ce mot de bienfaiteur et ce mot de bienfaits.

DUCIS.

Avril 2.

Voyez sur la verdure
Éclater le lis du vallon !
Pour se composer sa parure
Il n'a filé de lin ni tissé de toison ;
Et pourtant sa tunique est plus riche et plus pure
Que les robes de Salomon !

LAMARTINE.

Avril 3.

La bonté sur les cœurs ne perd jamais ses droits.

ANDRIEUX.

Avril 4.

Que du Seigneur la voix se fasse entendre,
Et qu'à nos cœurs son oracle divin
Soit ce qu'à l'herbe tendre
Est, au printemps, la fraîcheur du matin.

RACINE.

Avril 5.

En Dieu seul, ô mortels, fermons donc nos paupières!
Et, du jour à la nuit remettant l'encensoir,
    Endormons-nous dans nos prières,
Comme le jour s'endort dans les parfums du soir.

LAMARTINE.

Avril 6.

Je viens à vous, Seigneur, confessant que vous êtes
Bon, clément, indulgent et doux, ô Dieu vivant !
Je conviens que vous seul savez ce que vous faites,
Et que l'homme n'est rien qu'un jonc qui tremble au
                                                                [vent.

V. HUGO.

Avril 7.

Garde un esprit fier dans une âme tendre,
Les cœurs les plus purs sont les plus vaillants.

VICTOR DE LAPRADE.

Avril 8.

Justes, ne craignez point le vain pouvoir des hommes ;
Quelque élevés qu'ils soient, ils sont ce que nous
[sommes.

J.-B. ROUSSEAU.

Avril 9.

Oui, j'espère, Seigneur, en ta magnificence :
Partout à pleines mains prodiguant l'existence,
Tu n'auras pas borné le nombre de mes jours
A ces jours d'ici-bas, si troublés et si courts.

LAMARTINE.

Avril 10.

N'espérons plus, mon âme, aux promesses du monde;
La lumière est un verre, et sa faveur une onde
Que toujours quelque vent empêche de calmer.
Quittons ses vanités, lassons-nous de les suivre :
    C'est Dieu qui nous fait vivre,
    C'est Dieu qu'il faut aimer.

MALHERBE.

Avril 11.

Gloire dans l'univers, dans les temps, à celui
Qui s'immole à jamais pour le salut d'autrui !

A. DE VIGNY.

Avril 12.

Porte ailleurs ton regard sur Dieu seul arrêté!
Rien ici-bas qui n'ait en soi sa vanité :
    La gloire fuit à tire-d'aile;
Couronnes, mitres d'or, brillent, mais durent peu;
Elles ne valent pas le brin d'herbe que Dieu
    Fait pour le nid de l'hirondelle!

V. HUGO.

Avril 13.

La vie est-elle toute aux ennuis condamnée?
L'hiver ne glace pas tous les mois de l'année.

A. CHÉNIER.

Avril 14.

L'homme est dans ses écarts un étrange problème.
Qui de nous, en tous temps, est fidèle à soi-même ?
Le commun caractère est de n'en pas avoir :
Le matin incrédule, il est dévot le soir.

ANDRIEUX.

Avril 15.

La coupe où nous buvons a toujours une lie ;
N'épuisons donc jamais sa liqueur qu'à demi.

LAMARTINE.

Avril 16.

Dans le monde il n'est rien de beau que l'équité :
Sans elle la valeur, la force, la bonté,
Et toutes les vertus dont s'éblouit la terre,
Ne sont que faux brillants et que morceaux de verre.

BOILEAU.

Avril 17.

Dieu fait triompher l'innocence :
Chantons, célébrons sa puissance.

RACINE.

Avril 18.

C'est quelque chose encor que de faire un beau rêve ;
A nos chagrins réels c'est une utile trêve ;
Nous en avons besoin : nous sommes assiégés
De maux dont à la fin nous serions surchargés,
Sans ce délire heureux qui se glisse en nos veines.
Flatteuse illusion ! doux oubli de nos peines !
Oh ! qui pourrait compter les heureux que tu fais !

COLLIN D'HARLEVILLE.

Avril 19.

Sous d'étranges malheurs souvent nous nous courbons ;
Songez que Dieu seul est le maître.

V. HUGO.

Avril 20.

Croix modeste, quel est ton ineffable empire ?
Tes muettes leçons aux mortels semblent dire :
« Un Dieu périt pour vous ; n'oubliez point ses lois. »
Ton aspect imprévu rendit plus d'une fois
La paix au repentir, des pleurs à la souffrance,
Au crime les remords, au malheur l'espérance.

SOUMET.

Avril 21.

Le monde entier te glorifie ;
L'oiseau te chante sur son nid ;
Et pour une goutte de pluie
Des milliers d'êtres t'ont béni.

A. DE MUSSET.

Avril 22.

Loi sainte et mystérieuse !
Une âme mélodieuse
Anime tout l'univers ;
Chaque être a son harmonie,
Chaque étoile son génie,
Chaque élément ses concerts.

LAMARTINE.

Avril 23.

.... Dieu prodigue ses biens
A ceux qui font vœu d'être siens.

LA FONTAINE.

Avril 24.

Si vous avez goûté tous les biens des humains,
Si vous les connaissez, le choix est dans vos mains :
Bornez-vous au plus vrai; et laissez les chimères,
Dont le repentir suit les lueurs passagères.

GRESSET.

Avril 25.

Le Seigneur veut parfois le triomphe du vice ;
    Il veut aussi, dans sa justice,
   Que l'innocent verse des pleurs ;
Souvent dans ses desseins, Dieu suit d'étranges voies,
Lui qui livre Satan aux infernales joies,
   Et Marie aux saintes douleurs.

V. HUGO.

Avril 26.

O Sagesse éternelle, à qui cet univers
Doit le nombre infini des miracles divers
Qu'on voit également sur la terre et sur l'onde ;
    Mon Dieu, mon Créateur,
Que ta magnificence étonne tout le monde,
Et que le ciel est bas au prix de ta hauteur !

                                  MALHERBE.

Avril 27.

Seigneur ! préservez-moi, préservez ceux que j'aime,
Frères, parents, amis, et mes ennemis même
    Dans le mal triomphants,
De jamais voir, Seigneur, l'été sans fleurs vermeilles,
La cage sans oiseaux, la ruche sans abeilles,
    La maison sans enfants.

                                  V. HUGO.

Avril 28.

Chaque heure a son tribut, son encens, son hommage,
Qu'elle apporte en mourant aux pieds de Jéhovah ;
Ce n'est qu'un même sens dans un divers langage :
Le matin et le soir lui disent : « Hosannah ! »

                                  LAMARTINE.

Avril 29.

A bien parler ce que l'homme on appelle,
C'est un rayon de la Divinité,
C'est un atome éclos de l'unité,
C'est un dégousi (1) de la source éternelle.

PIBRAC.

Avril 30.

O bienheureux mille fois
L'enfant que le Seigneur aime,
Qui de bonne heure entend sa voix,
Et que ce Dieu daigne instruire lui-même !

RACINE.

Mai 1.

.... Par ces crimes prospères
L'impie heureux insulte au fidèle souffrant :
Mais que le juste pense aux forfaits de nos pères,
Et qu'il songe à son Dieu mourant.

V. HUGO.

1. Une goutte.

Mai 2.

Quelquefois, dans nos jours consacrés aux douleurs,
Par la main du plaisir nous essuyons nos pleurs ;
Mais le plaisir s'envole et passe comme une ombre :
Nos chagrins, nos regrets, nos pertes sont sans nombre ;
Notre cœur égaré, sans guide et sans appui,
Est brûlé de désirs ou glacé par l'ennui.
Nul de nous n'a vécu sans connaître les larmes.

VOLTAIRE.

Mai 3.

La gloire des mortels n'est qu'ombre et que fumée :
C'est une flamme esteinte aussitost qu'allumée.

RACAN.

Mai 4.

Je crois à la vertu, mais elle est bien fragile :
Elle a, dans l'intérêt et surtout dans la faim,
Deux puissants ennemis que je cite entre mille.
    Leur résister jusqu'à la fin
    Est chose rare et difficile.
Il faudrait l'enfermer dans un étui d'airain,
    Et nous ne sommes que d'argile.

VIENNET.

Mai 5.

Deux sentiers différents devant vous vont s'ouvrir ;
L'un conduit au bonheur, l'autre mène à la gloire ;
Mortels, il faut choisir.

LAMARTINE.

Mai 6.

De la plus noble intelligence
La plus sublime ambition
Est de prouver ton existence,
Et de faire épeler ton nom.

A. DE MUSSET.

Mai 7.

....
Dieu, qui m'avez fait naître,
Vous m'avez réservée ici pour des combats
Dont je tremble, ô mon Maître !
....
Ayez pitié ! — L'esquif où chancellent mes pas
Est sans voiles et sans rames.
....

V. HUGO

Mai 8.

Reconnaissons du moins celui par qui nous sommes,
Celui qui fait tout vivre, et qui fait tout mouvoir.
S'il donne l'être à tout, l'a-t-il pu recevoir ?
Il précède les temps : qui dira sa naissance ?
Par lui l'homme, le ciel, la terre, tout commence,
Et lui seul infini n'a jamais commencé.

RACINE FILS.

Mai 9.

Il est des cœurs fermés aux bruits légers du monde,
Où le bonheur n'a plus d'écho qui lui réponde,
Mais où la pitié seule élève encor sa voix,
Comme une eau murmurante au fond caché des bois.

LAMARTINE.

Mai 10.

Gloire, gloire à celui qui garde dans son âme,
La foi, divin trésor d'intarissable miel !

Mme JANVIER.

Mai 11.

Quoi que promette la fortune,
A la fin, quand on l'importune,
Ce qu'elle avait fait prospérer
Tombe du faîte au précipice ;
Et, pour l'avoir toujours propice,
Il la faut toujours révérer.

MALHERBE.

Mai 12.

L'homme peut épuiser l'offense,
Dieu n'épuise pas le pardon !
Il mène au repentir l'impie :
Lui-même, pour nous, il expie
L'oubli des lois qu'il nous donna ;
Pour lui seul il reste sévère ;
C'est la victime du Calvaire
Qui fléchit le Dieu du Sina !

V. HUGO.

Mai 13.

Il n'est point de déserts, point d'exil pour le sage.

MILLEVOYE.

Mai 14.

.... Otez l'amitié de la vie,
Ce qui reste de biens est peu digne d'envie ;
On n'en jouit qu'autant qu'on peut les partager.

DESMAHIS.

Mai 15.

Que cette humilité qui devant lui m'abaisse
Soit un sublime hommage, et non une tristesse;
Et que sa volonté, trop haute pour nos yeux,
Soit faite sur la terre ainsi que dans les cieux !

LAMARTINE.

Mai 16.

Connoissez l'honneste homme humblement revestu,
Et discernez le vice imitant la vertu.
Puis sondez votre cœur, pour en vertu accroistre;
Il faut, dit Apollon, soi-même se connoistre :
Celui qui se connoist est seul maistre de soi,
Et sans avoir royaume il est vraiment un roi.

RONSARD.

Mai 17.

Chaque jour amène son pain.

LA FONTAINE.

Mai 18.

Gardons l'illusion ; elle fuit assez tôt.
Chaque homme, dans son cœur, crée à sa fantaisie
Tout un monde enchanté d'art et de poésie :
C'est notre Chanaan que nous voyons d'en haut.

V. HUGO.

Mai 19.

Êtes-vous de ces gens
Soupçonneux, ombrageux? croyez-vous aux méchants
Et réalisez-vous cet être imaginaire,
Ce petit préjugé qui ne va qu'au vulgaire?
Pour moi je n'y crois pas : soit dit sans intérêt,
Tout le monde est méchant, et personne ne l'est.
On reçoit, et l'on rend ; on est à peu près quitte.

GRESSET.

Mai 20.

Et moi, Seigneur, aussi pour chanter tes merveilles,
Tu m'as donné dans l'âme une seconde voix
Plus pure que la voix qui parle à nos oreilles,
Plus forte que les vents, les ondes et les bois !

LAMARTINE.

Mai 21.

Fortune, dont la main couronne
Les forfaits les plus inouïs,
Du faux éclat qui t'environne
Serons-nous toujours éblouis?
Jusques à quand, trompeuse idole,
D'un culte honteux et frivole
Honorerons-nous tes autels?
Verra-t-on toujours tes caprices
Consacrés par tes sacrifices
Et par l'hommage des mortels?

J.-B. ROUSSEAU.

Mai 22.

Oh! bien loin de la voie
Où marche le pécheur,
Chemine où Dieu t'envoie !
Enfant! garde ta joie !
Lis ! garde ta blancheur !
Sois humble! que t'importe
Le riche et le puissant !
Un souffle les emporte.
La force la plus forte,
C'est un cœur innocent !

V. HUGO.

Mai 23.

Celui qui met un frein à la fureur des flots
Sait aussi des méchants arrêter les complots.

RACINE.

Mai 24.

Le bonheur, s'il est vrai qu'on le trouve ici-bas,
Par combien de douleurs ne l'achetons-nous pas !
Dieu lui-même, soumis à cette loi sévère,
Pour retourner au ciel, passa par le Calvaire.

ANCELOT.

Mai 25.

Que t'importe en quel caractère
Le nom du Seigneur est écrit,
Pourvu qu'il soit lu par la terre
Et qu'il remplisse tout esprit ?

LAMARTINE.

Mai 26.

Les temples du païen, du turc, de l'idolâtre
Haussent dedans le ciel et le marbre et l'albâtre,
Et Dieu seul, au désert pauvrement hébergé,
A bâti tout le monde et n'y est pas logé !

AGRIPPA D'AUBIGNÉ.

Mai 27.

Ceux dont le présent est l'idole
Ne laissent point de souvenir :
Dans un succès vain et frivole
Ils ont usé leur avenir,
Amas des roses passagères,
Ils ont les grâces mensongères
Et le sort des rapides fleurs ;
Leur plus long règne est d'une aurore,

E. LEBRUN.

Mai 28.

Quelques blasphémateurs, oppresseurs d'innocents,
A qui l'excès d'orgueil a fait perdre le sens,
De profanes discours ta puissance rabaissent ;
    Mais la naïveté
Dont même au berceau les enfants te confessent
Clôt-elle pas la bouche à leur impiété ?

MALHERBE.

Mai 29.

Que nous fait le passé? Du temps que Dieu nous donne,
Nous ne gardons que l'avenir.

V. HUGO.

Mai 30.

Que le Seigneur est bon! que son joug est aimable!
Heureux qui dès l'enfance en connaît la douceur !
Jeune peuple, courez à ce maître adorable :
Les biens les plus charmants n'ont rien de comparable
Aux torrents de plaisirs qu'il répand dans un cœur.

RACINE.

Mai 31.

Heureux l'homme pour qui la prière attendrie
S'élève des lèvres d'autrui !
Il obtient, par la voix de l'orphelin qui prie,
Plus qu'il n'a fait pour lui.

LAMARTINE.

Juin 1.

Dès que l'homme lève la tête,
Il croit l'entrevoir dans les cieux ;
La création, sa conquête,
N'est qu'un vaste temple à ses yeux.
Dès qu'il redescend en lui-même,
Il t'y trouve ; tu vis en lui.
S'il souffre, s'il pleure, s'il aime,
C'est son Dieu qui le veut ainsi.

A. DE MUSSET.

Juin 2.

L'infortune a besoin d'écouter et de croire !

Mme DESBORDES-VALMORE.

Juin 3.

O que tes œuvres sont belles !
Grand Dieu ! quels sont tes bienfaits !
Que ceux qui te sont fidèles
Sous ton joug trouvent d'attraits !
Ta crainte inspire la joie ;
Elle assure notre voie ;
Elle nous rend triomphants ;
Elle éclaire la jeunesse,
Et fait briller la sagesse
Dans les plus faibles enfants.

J.-B. ROUSSEAU.

Juin 4.

Flatté de plaire aux goûts volages,
L'esprit est le dieu des instants.
Le génie est le dieu des âges,
Lui seul embrasse tous les temps.

E. LEBRUN.

Juin 5.

C'est Dieu qui remplit tout. Le monde, c'est son
(temple,
OEuvre vivante, où tout l'écoute et le contemple !
Tout lui parle et le chante. Il est seul, il est un.
Dans sa création tout est joie et sourire;
L'étoile qui regarde et la fleur qui respire,
Tout est flamme ou parfum !

V. HUGO.

Juin 6.

Remplis-moi d'un esprit qui me fasse comprendre
Ce qu'ordonnent de moi les saintes volontés,
Et réduis mes désirs au seul désir d'entendre
Tes hautes vérités.

P. CORNEILLE.

Juin 7.

......Tout chante, tout m'instruit
Que l'abîme est comblé par ta magnificence,
Que les cieux sont vivants, et que ta providence
Remplit de sa vertu tout ce qu'elle a produit!

LAMARTINE.

Juin 8.

Même aux yeux de l'injuste, un injuste est horrible;
Et tel qui n'admet point la probité chez lui,
Souvent avec rigueur l'exige chez autrui.
Concluons qu'ici-bas le seul honneur solide,
C'est de prendre toujours la vérité pour guide,
De regarder en tout la raison et la loi;
D'être doux pour tout autre, et rigoureux pour soi;
D'accomplir tout le bien que le Ciel nous inspire,
Et d'être juste enfin : ce seul *mot* veut tout dire.

BOILEAU.

Juin 9.

Tout l'univers est plein de sa magnificence;
Qu'on l'adore ce Dieu; qu'on l'invoque à jamais :
Son empire a des temps précédé la naissance;
    Chantons, publions ses bienfaits.

RACINE.

Juin 10.

Oh! bien fou qui jamais n'arrête
Ses vœux d'heure en heure plus grands,
De vœux nouveaux toujours en quête :
On blâme l'esprit de conquête !
On imite les conquérants.

P. LEBRUN.

Juin 11.

Espère, enfant! demain! et puis demain encore !
Et puis toujours demain ! croyons dans l'avenir.
Espère et chaque fois que se lève l'aurore,
Soyons là pour prier comme Dieu pour bénir !

V. HUGO.

Juin 12.

Mes jours ne seront plus qu'un éternel délire,
Mon âme qu'un cantique, et mon cœur qu'une lyre,
Et chaque souffle enfin que j'exhale ou j'aspire,
   Un accord à ton nom !

LAMARTINE.

Juin 13.

Quel besoin plus pressant nous donna la nature,
Que de communiquer les chagrins qu'on endure,
De faire partager sa joie et sa douleur,
Et dans un cœur ami de répandre son cœur !

DELILLE.

Juin 14.

Tes désordres sont grands, tes vertus sont petites;
    Parmi tes maux, on trouve peu de bien ;
Mais si le bon Jésus te donne ses mérites,
    Espère tout et n'appréhende rien.

FR. MAYNARD.

Juin 15.

Sans soin du lendemain, sans regret de la veille,
L'enfant joue et s'endort, pour jouer se réveille.
Trop faible encor, son cœur ne saurait soutenir
Le passé, le présent, et l'immense avenir.
A peine au présent seul son âme peut suffire ;
Le présent seul est tout : un coin est son empire,
Un hochet son trésor, un point l'immensité,
Le soir son avenir, un jour l'éternité.
Mais l'homme tout entier est caché dans l'enfance :
Ainsi le faible gland renferme un chêne immense.

DELILLE.

Juin 16.

Un bienfait par quelqu'un est toujours ramassé.

V. HUGO.

Juin 17.

Quelque chemin que l'homme élise,
Il est à la merci du sort;
Nos jours, filés de toutes soies,
Ont des ennuis comme des joies;
Et de ce mélange divers
Se composent nos destinées,
Comme on voit le cours des années
Composé d'étés et d'hivers.

MALHERBE.

Juin 18.

Prions! le jour au jour ne donne point de gage,
Et le dernier rayon, en sortant du nuage,
Ne nous a pas juré de remonter demain.

LAMARTINE.

Juin 19.

A force de sagesse, on peut être blâmable :
Il faut parmi le monde une vertu traitable.
La parfaite raison fuit toute extrémité,
Et veut que l'on soit sage avec sobriété.

MOLIÈRE.

Juin 20.

Oh ! bienheureux celui qui peut de sa mémoire
Effacer pour jamais ce vain désir de gloire
Dont l'inutile soin traverse nos plaisirs ;
Et qui, loin retiré de la foule importune,
Vivant dans sa maison, content de sa fortune,
A, selon son pouvoir, modéré ses désirs !

RACAN

Juin 21.

Restons loin des objets dont la vue est charmée ;
L'arc-en-ciel est vapeur, le nuage est fumée.
L'idéal tombe en poudre au toucher du réel.
L'âme en songe de gloire ou d'amour se consume,
Comme un enfant qui souffle en un flocon d'écume,
Chaque homme enfle une bulle où se reflète un ciel !

V. HUGO.

Juin 22.

Il est ; tout est par lui : seul être illimité,
En lui tout est vertu, puissance, éternité.
Au delà des soleils, au delà de l'espace,
Il n'est rien qu'il ne voie, il n'est rien qu'il n'embrasse,
Il est seul du grand tout le principe et la fin,
Et la création respire dans son sein.

LEBRUN.

Juin 23.

Seigneur, votre justice a compté tous nos jours ;
Nos destins sont écrits dans vos lois éternelles,
Nos mérites pesés dans vos mains immortelles :
L'homme, œuvre de ces mains, pourra-t-il murmurer ?

LAMARTINE

Juin 24.

Oui, la justice en nous est la vertu qui brille ;
Il faut de ses couleurs qu'ici-bas tout s'habille.
Dans un mortel chéri, tout injuste qu'il est,
C'est quelque air d'équité qui séduit et qui plaît.
A cet unique appât l'âme est vraiment sensible.

BOILEAU.

Juin 25.

Les cieux pour les mortels sont un livre entr'ouvert,
Ligne à ligne à leurs yeux par la nature offert ;
Chaque siècle avec peine en déchiffre une page,
Et dit : « Ici finit ce magnifique ouvrage ! »
Mais sans cesse le doigt du céleste écrivain
Tourne un feuillet de plus de ce livre divin,
Et l'œil voit, ébloui par ces brillants mystères,
Etinceler sans fin de plus beaux caractères.

LAMARTINE.

Juin 26.

La vertu fut toujours trop rare sur la terre,
Et l'on se décourage à poursuivre ici-bas
Le bien que l'on peut faire et que l'on ne fait pas.

RONSARD.

Juin 27.

Dieu, par qui tout forfait s'expie,
Marche avec celui qui le sert.

V. HUGO.

Juin 28.

……… C'est aux foibles courages,
Qui toujours portent la peur au sein,
De succomber aux orages,
Et se lasser d'un pénible dessein.
De moi, plus je suis combattu,
Plus ma résistance montre sa vertu.

MALHERBE.

Juin 29.

L'homme aidé du travail, ce premier des trésors,
Ne découvre le bien qu'après de longs efforts ;
Jusqu'à la vérité par le doute guidée,
Chaque idée à son fil attache une autre idée.

BIGNAN.

Juin 30.

Jéhovah ! Jéhovah ! ton nom seul me soulage :
Il est le seul écho qui réponde à mon cœur ;
Ou plutôt ces élans, ces transports sans langage
Sont eux-mêmes l'écho de ta propre grandeur.

LAMARTINE.

Juillet 1.

Donnez, riches ! L'aumône est sœur de la prière !

V. HUGO.

Juillet 2.

Dieu laissa-t-il jamais ses enfants au besoin ?
Aux petits des oiseaux il donne leur pâture,
Et sa bonté s'étend sur toute la nature.

RACINE.

Juillet 3.

O toi que nul n'a pu connaître,
Et n'a renié sans mentir,
Réponds-moi, toi qui m'as fait naître,
Et demain me feras mourir !

A. DE MUSSET.

Juillet 4.

Donc, si vous me croyez, mignonne,
Tandis que vostre âge fleuronne
En sa plus verte nouveauté,
Cueillez, cueillez vostre jeunesse.
Comme à cette fleur, la vieillesse
Fera ternir vostre beauté.

RONSARD.

Juillet 5.

Que faut-il, ô mon Dieu, pour nous rendre la foi ?
Un jour dans le silence écoulé devant toi,
Regarder et sentir, et respirer et vivre;
Vivre, non de ce bruit dont l'orgueil nous enivre,
Mais de ce pain du jour qui nourrit sobrement,
De travail, de prière et de contentement.

LAMARTINE.

Juillet 6.

Parle, parle, Seigneur ; ton serviteur écoute :
Je dis ton serviteur, car enfin je le suis ;
Je le suis, je veux l'être et marcher dans ta route
Et les jours et les nuits.

CORNEILLE.

Juillet 7.

Dieu n'est pas ! Ce seul mot serait une torture.

V. HUGO.

Juillet 8.

Qui de nous, lorsque l'âme encor naïve et pure
Commence à s'émouvoir et s'ouvre à la nature,
N'a pas senti d'abord, par un instinct heureux,
Le besoin enchanteur, ce besoin d'être deux,
De dire à son ami ses plaisirs et ses peines.

DUCIS.

Juillet 9.

Un courage élevé toute peine surmonte ;
Les timides conseils n'ont rien que de la honte ;
Et le front d'un guerrier aux combats étonné
Jamais n'est couronné.

MALHERBE.

Juillet 10.

Vivre est assez pour nous ; un plus sage l'a dit :
Le soin de chaque jour à chaque jour suffit.

LAMARTINE.

Juillet 11.

Que ne peut la frayeur sur l'esprit des mortels!

RACINE.

Juillet 12.

Si les hommes pouvaient s'entendre !
Mais non, tant qu'il trouve un voisin,
Tout homme a le cœur d'Alexandre,
Et, prince ou bourgeois, veut étendre
Ou son royaume, ou son jardin.

P. LEBRUN.

Juillet 13.

Oh! oui, bénissons Dieu dans notre foi profonde!
C'est lui qui fit ton âme et qui créa le monde!
Lui qui charme mon cœur, lui qui ravit mes yeux!

V. HUGO.

Juillet 14.

Un sage ami, toujours rigoureux, inflexible,
Sur vos fautes jamais ne vous laisse paisible.

BOILEAU.

Juillet 15.

Penser sans découvrir, aspirer sans atteindre,
Briller sans éclairer, et pâlir sans s'éteindre,
Hélas! tel est mon sort et celui des humains.

LAMARTINE.

Juillet 16.

La perte des amis est la seule réelle ;
Leur mémoire est pour nous une dette éternelle.

DESMAHIS.

Juillet 17.

Tantôt une molle bonace
Nous laisse jouer sur les flots ;
Tantôt un péril nous menace,
Plus grand que l'art des matelots ;
Et cette sagesse profonde
Qui donne aux fortunes du monde
Leur fatale nécessité,
N'a fait loi qui moins se révoque,
Que celle du flux réciproque
De l'heur et de l'adversité.

MALHERBE.

Juillet 18.

Le sort pour les enfants est une vision,
Et la vie à leurs yeux apparaît comme un rêve.

V. HUGO.

Juillet 19.

Voilé de sa splendeur, dans sa gloire profonde
D'un regard éternel il enfante le monde.
Les siècles devant lui s'écoulent, et le temps
N'oserait mesurer un seul de ses instants.

LEBRUN.

Juillet 20.

Il faut fléchir au temps sans obstination,
Et c'est une folie à nulle autre seconde,
De vouloir se mêler de corriger le monde !

MOLIÈRE.

Juillet 21.

Comme un lis penché par la pluie
Courbe ses rameaux éplorés,
Si la main du Seigneur vous plie,
Baissez votre tête, et pleurez.
Une larme à ses pieds versée
Luit plus que la perle enchâssée
Dans son tabernacle immortel.

LAMARTINE.

Juillet 22.

.... O grande éternité !
Tu maintiens l'univers en tranquille unité.

RONSARD.

Juillet 23.

Le temps, cette image mobile
De l'immobile éternité,
A peine du sein des ténèbres
Fait éclore les faits célèbres
Qu'il les replonge aussitôt.

J.-B. ROUSSEAU.

Juillet 24.

Tout sur terre est en proie, ainsi que nous le sommes,
Au souffle, à la tempête, au funeste aquilon.

V. HUGO.

Juillet 25.

Bien heureux est celui qui, bien loin du vulgaire,
Vit en quelque rivage éloigné, solitaire,
Hors des grandes cités, sans bruit et sans procès,
Et qui, content du sien, ne fait aucun excès.

     VAUQUELIN DE LA FRESNAYE.

Juillet 26.

Ni l'aveugle hasard, ni l'aveugle matière,
N'ont pu créer mon âme, essence de lumière.
Je pense ; ma pensée atteste plus un Dieu
Que tout le firmament et ses globes de feu.

     LEBRUN.

Juillet 27.

Venez, rhéteurs païens, maîtres de la science,
Chrétiens des temps passés et rêveurs d'aujourd'hui ;
Croyez-moi, la prière est un cri d'espérance !
Pour que Dieu nous réponde, adressons-nous à lui.
Il est juste, il est bon ; sans doute il vous pardonne.
Tous vous avez souffert, le reste est oublié.

     A. DE MUSSET.

Juillet 28.

Cueillons, cueillons la rose au matin de la vie ;
Des rapides printemps respire au moins les fleurs.

LAMARTINE.

Juillet 29.

Grand Dieu, tes jugements sont remplis d'équité,
Toujours tu prends plaisir à nous être propice,
Mais j'ai tant fait de mal que jamais ta bonté
Ne me pardonnera sans blesser ta justice.

DESBARREAUX.

Juillet 30.

Seigneur, dans ta gloire adorable
Quel mortel est digne d'entrer ?
Qui pourra, grand Dieu, pénétrer
Ce sanctuaire impénétrable
Où tes saints inclinés,
D'un œil respectueux,
Contemplent de ton front l'éclat majestueux?

J.-B. ROUSSEAU.

Juillet 31.

Donnez ! il vient un jour où la terre nous laisse.
Vos aumônes là-haut vous font une richesse.
Donnez, afin qu'on dise : « Il a pitié de nous ! »
Afin que l'indigent que glacent les tempêtes,
Que le pauvre qui souffre à côté de vos fêtes
Au seuil de vos palais fixe un œil moins jaloux.

V. HUGO.

Août 1.

La raison pour marcher n'a souvent qu'une voie,
Pour peu qu'on s'en écarte aussitôt on se noie.

BOILEAU.

Août 2.

Les jours des rois sont dans ta main ;
Leur règne est un règne incertain,
Dont le doigt du Seigneur a marqué les limites.
Mais de son règne illimité
Les bornes ne seront prescrites
Ni par la fin des temps ni par l'éternité.

J.-B. ROUSSEAU.

Août 3.

J'ai connu le Seigneur dès ma plus tendre aurore :
    Quand il punit, il aime encore ;
Il ne s'est pas, mon âme, éloigné pour toujours.

LAMARTINE.

Août 4.

Si je devais un jour, pour de viles richesses,
Vendre ma liberté, descendre à des bassesses ;
Si mon cœur par mes sens devait être amolli ;
Je te dirais : « O temps ! sonne ma dernière heure,
    Hâte-toi, que je meure ;
J'aime mieux n'être plus que de vivre avili. »

THOMAS.

Août 5.

Ainsi toujours, hélas ! dans ce monde stérile,
Si la vertu paraît, à son aspect tranquille
Nous la prenons pour le bonheur.

V. HUGO.

Août 6.

Humains, pauvres humains, jouissez des bienfaits
D'un Dieu que vainement la raison veut comprendre,
Mais que l'on voit partout, mais qui parle à nos cœurs.
Sans vouloir deviner ce qu'on ne peut apprendre,
Sans rejeter les dons que sa main sait répandre,
Employons notre esprit à devenir meilleurs.

FLORIAN.

Août 7.

Le faux aime le bruit, le vrai craint d'éclater ;
L'un aspire aux égards, l'autre à les mériter.

DESTOUCHES.

Août 8.

Le bonheur de l'impie est toujours agité :
Il erre à la merci de sa propre inconstance.
Ne cherchons la félicité
Que dans la paix de l'innocence.

RACINE.

Août 9.

L'ambition déplaît quand elle est assouvie,
D'une contraire ardeur son ardeur est suivie ;
Et comme notre esprit, jusqu'au dernier soupir,
Toujours vers quelque objet pousse quelque désir.

CORNEILLE.

Août 10.

L'étoile à l'étoile murmure :
« Quel Dieu nous imposa nos lois ? »
La vague à la vague demande :
« Quel est celui qui nous gourmande ? »
La foudre dit à l'aquilon :
« Sais-tu comment ton Dieu se nomme ? »
Mais les astres, la terre et l'homme
Ne peuvent achever son nom.

LAMARTINE.

Août 11.

Soutiens ma foi chancelante,
Dieu puissant ! inspire-moi
Cette crainte vigilante
Qui fait pratiquer ta loi.

J.-B. ROUSSEAU.

Août 12.

Il n'est rien ici-bas d'éternelle durée.
Une chose qui plaît n'est jamais assurée ;
L'épine suit la rose, et ceux qui sont contents
Ne le sont pas longtemps.

MALHERBE.

Août 13.

Mais quelle erreur ! non, Dieu n'est point colère ;
S'il créa tout, à tout il sert d'appui.

BÉRANGER.

Août 14.

Tout s'achève dans lui, par lui tout recommence.
Son être emplit le monde ainsi qu'une âme immense ;
L'éternel vit dans l'infini.

V. HUGO.

Août 15.

Jeunes gens, jeunes gens, ne vous a-t-on pas dit
Que, sans règle et sans frein, tôt ou tard on succombe?
La vertu, la raison, les lois, l'autorité,
Dans vos désirs fougueux vous causent quelque peine :
C'est le balancier qui vous gêne,
Mais qui fait votre sûreté.

FLORIAN.

Août 16.

Que son nom soit béni ; que son nom soit chanté ;
Que l'on célèbre ses ouvrages
Au delà des temps et des âges,
Au delà de l'éternité !

RACINE.

Août 17.

Un enfant même est écouté
Dans le chœur qui te glorifie.

LAMARTINE.

Août 18.

Pardonne, Dieu puissant, pardonne à ma faiblesse :
A l'aspect des méchants, confus, épouvanté,
Le trouble m'a saisi ; mes pas ont hésité ;
Mon zèle m'a trahi, Seigneur, je le confesse,
    En voyant leur prospérité.

J.-B. ROUSSEAU.

Août 19.

Il est vrai que du ciel la prudence infinie
Départ à chaque peuple un différent génie ;
Mais il n'est pas moins vrai que cet ordre des cieux
Change selon les temps comme selon les lieux.

CORNEILLE.

Août 20.

La beauté du visage est un frêle ornement,
Une fleur passagère, un éclat du moment,
Et qui n'est attaché qu'à la simple épiderme ;
Mais celle de l'esprit est inhérente et ferme.

MOLIÈRE.

Août 21.

Qu'un ami véritable est une douce chose !
Il cherche vos besoins au fond de votre cœur ;
   Il vous épargne la pudeur
   De les lui découvrir vous-même :
Un songe, un rien, tout lui fait peur,
Quand il s'agit de ce qu'il aime.

LA FONTAINE.

Août 22.

Dieu, que sont les mortels sous tes puissantes mains ?
Par des vœux suppliants nos alarmes t'implorent ;
Bénis, Dieu paternel, tes enfants qui t'adorent.

ESMÉNARD.

Août 23.

Oh ! la création se meut dans ta pensée,
Seigneur ! tout suit la voie en tes desseins tracée ;
Ton bras jette un rayon au milieu des hivers,
Défend la veuve en pleurs du publicain avide
Ou dans un ciel lointain, séjour désert du vide,
   Crée en passant un univers !

V. HUGO.

Août 24.

La raison est de l'homme et le guide et l'appui ;
Il l'apporte en naissant, elle croît avec lui ;
C'est elle qui, des traits de sa divine flamme,
Purifiant son cœur, illuminant son âme,
Montre à ce malheureux, par le vice abattu,
Que la félicité n'est que dans la vertu.

VOLTAIRE.

Août 25.

Chacun veut aujourd'hui briller, voilà le mal !
Ce vice est parmi nous devenu général ;
Il est dans tous les rangs. Le marchand le plus mince
Élève ses enfants comme des fils de prince.

CASIMIR BONJOUR.

Août 26.

Seigneur, que vos bontés sont grandes
De nous écouter de si haut !
On vous fait diverses demandes ;
Seul, vous savez ce qu'il nous faut.

SAINT-PAVIN.

Août 27.

Un cœur noble ne peut soupçonner en autrui
La bassesse et la malice,
Qu'il ne sent point en lui.

RACINE.

Août 28.

O mon Dieu, je rends grâce à ta bonté propice ;
Oui, ta miséricorde a passé ta justice.

FLORIAN.

Août 29.

Dieu ne fait jamais grâce à qui ne l'aime point;
A le chercher la peur nous dispose et nous aide,
Mais il ne vient jamais que l'amour ne succède.

BOILEAU.

Août 30.

Loin de maudire à l'église
Celui qui vit sans curé,
Priez que Dieu fertilise
Son grain, sa vigne, son pré.

BÉRANGER.

Août 31.

En recevant l'existence
Que le Ciel nous daigne offrir,
Nous recevons la sentence
Qui nous condamne à souffrir.

J.-B. ROUSSEAU.

Septembre 1.

Dieu seul est grand! c'est là le psaume du brin
[d'herbe ;
Dieu seul est vrai! c'est là l'hymne du flot superbe ;
Dieu seul est bon! c'est là le murmure des vents.

V. HUGO.

Septembre 2.

Un bienfait perd sa grâce à le trop publier :
Qui veut qu'on s'en souvienne, il le doit oublier.

CORNEILLE.

Septembre 3.

Quoi! l'âme en vain regarde, aspire, implore, écoute :
Entre le ciel et nous est-il un mur d'airain ?
Vos yeux toujours levés vers la céleste voûte,
Vos yeux sont-ils levés en vain ?

LAMARTINE.

Septembre 4.

Chacun veut en sagesse ériger sa folie,
Et, se laissant régler à son esprit tortu,
De ses propres défauts se fait une vertu.

BOILEAU.

Septembre 5.

L'être de Jéhovah n'a ni siècles, ni jours ;
Son jour est éternel et s'appelle toujours.

LAMARTINE.

Septembre 6.

Mon Dieu, qu'une vertu naissante
Parmi tant de périls marche à pas incertains !
Qu'une âme qui te cherche et veut être innocente
Trouve d'obstacle à ses desseins !

RACINE

Septembre 7.

Le bonheur le plus doux est celui qu'on partage.
Heureux ou malheureux, l'homme a besoin d'autrui ;
Il ne vit qu'à moitié, s'il ne vit que pour lui.

DELILLE.

Septembre 8.

Nulle chaîne en effet n'arrête une âme ferme,
Et les maux ne sont rien quand on en voit le terme.

GRESSET.

Septembre 9.

Quelque pitié vulgaire au fond des cœurs s'éveille,
    Entre les fêtes de la veille
    Et les fêtes du lendemain ;
Car tels sont les humains : plaindre les importune,
Ils passent à côté d'une grande infortune
    Sans s'arrêter sur le chemin.

V. HUGO.

Septembre 10.

Le Dieu de l'univers entend tous les langages.

LUCIEN ARNAULT.

Septembre 11.

Ne craignez pas que le murmure
De tous ces astres à la fois,
Ces mille voix de la nature
Etouffent votre faible voix !
Tandis que les sphères mugissent,
Et que les sept cieux retentissent
Des bruits roulant en son honneur,
L'humble écho que l'âme réveille
Porte en mourant à son oreille
La moindre voix qui dit : Seigneur !

LAMARTINE.

Septembre 12.

Pour la nature et l'homme, ainsi parfois la vie
A ses jours de soleil et ses jours de bonheur.

A. DE MUSSET.

Septembre 13.

Ainsi que le cours des années
Se forme des jours et des nuits,
Le cercle de nos destinées
Est marqué de joie et d'ennuis.

J.-B. ROUSSEAU.

Septembre 14.

Aidons-nous mutuellement,
La charge des malheurs en sera plus légère ;
Le bien que l'on fait à son frère
Pour le mal que l'on souffre, est un soulagement.

FLORIAN.

Septembre 15.

Oh ! le nuage vain des pleurs et des affronts
S'envole, et la douleur passe en criant : « Espère ! »
Vous me l'avez fait voir et toucher, ô vous, Père,
Juge, vous le grand juste et vous le grand clément !

V. HUGO.

Septembre 16.

Heureux, et seul heureux qui s'attache au Seigneur !
Pour trouver le repos, le bonheur et la joie,
Il n'est qu'un seul chemin : c'est de suivre sa voie
Dans la simplicité du cœur.

J.-B. ROUSSEAU.

Septembre 17.

Au milieu des clartés d'un feu pur et durable,
Dieu mit avant les temps son trône inébranlable,
Le ciel est sous ses pieds ; de mille astres divers
Le cours toujours réglé l'annonce à l'univers.
La puissance, l'amour avec l'intelligence,
Unis et divisés, composent son essence.

VOLTAIRE.

Septembre 18.

Heureuse au fond des bois la source pauvre et pure !
Heureux le sort caché dans une vie obscure !

LAMARTINE.

Septembre 19.

Ne plaçons qu'en Dieu seul nos vœux et notre espoir ;
Faisons-nous de l'aimer un éternel devoir ;
Et publions partout les merveilles divines
    De son infaillible pouvoir.

J.-B. ROUSSEAU.

Septembre 20.

.... Le souverain bien
De l'amitié ne gist en longues lettres,
En mots exquis, en grand nombre de mètres,
Ains en bon cœur et vraye intention.

C. MAROT.

Septembre 21.

L'espoir qui trompe a toujours sa douceur,
Et de nos maux du moins il nous console.

PARNY.

Septembre 22.

Dès que nous avons fait par hasard quelque chose,
Nous nous vantons, hélas ! vains souffles qui fuyons !
Dieu donne l'aube au ciel sans compter les rayons,
Et la rosée aux fleurs sans mesurer les gouttes ;
Nous sommes le néant ; nos vertus tiendraient toutes
Dans le creux de la pierre où vient boire l'oiseau.

V. HUGO.

Septembre 23.

Dieu ne veut point d'un cœur où le monde domine,
Qui regarde en arrière, et, douteux en son choix,
Lorsque sa voix l'appelle, écoute une autre voix.

CORNEILLE.

Septembre 24.

La noble ambition est sans doute permise,
Elle tend à la gloire, un tel but l'autorise ;
On éprouve son feu dans les rangs les plus bas,
Elle est dans tous les cœurs et de tous les états.

A. DUVAL.

Septembre 25.

A celui qui m'est fidèle,
Dit la Sagesse éternelle,
J'assurerai mes secours,
Je raffermirai sa voie,
Et dans des torrents de joie
Je ferai couler ses jours.

J.-B. ROUSSEAU.

Septembre 26.

Il ne faut jamais se moquer des misérables :
Car qui peut s'assurer d'être toujours heureux?

LA FONTAINE.

Septembre 27.

Devant l'Être éternel tous les peuples s'abaissent ;
Toutes les nations en tremblant le confessent.

RACINE FILS.

Septembre 28.

Gloire à toi dans les temps et dans l'éternité,
Eternelle raison, suprême volonté !
Toi dont l'immensité reconnaît la présence,
Toi dont chaque matin annonce l'existence !

LAMARTINE.

Septembre 29.

Dieu se plaît à créer des nuances sans nombre ;
Mais, parmi ce contraste et d'instincts et de goûts,
De haine et d'amitié, de douceur, de courroux,
De paresse et d'ardeur, qu'à chaque créature
En ses dons inégaux départit la nature,
Souvent son art sublime offre à l'œil enchanté
La ressemblance unie à la variété.

DELILLE.

Septembre 30.

Chrétien, au voyageur souffrant
Tends un verre d'eau sur ta porte.

BÉRANGER.

Octobre 1.

.... Pensons et vivons à genoux ;
Tâchons d'être sagesse, humilité, lumière ;
Ne faisons point un pas qui n'aille à la prière.

V. HUGO.

Octobre 2.

Offrez, à l'exemple des anges,
A ce Dieu, votre unique appui,
Un sacrifice de louanges,
Le seul qui soit digne de lui.

J.-B. ROUSSEAU.

Octobre 3.

Un chrétien ne craint rien, ne dissimule rien ;
Aux yeux de tout le monde il est toujours chrétien.

CORNEILLE.

Octobre 4.

Les douleurs vont à Dieu, comme la flèche aux cibles ;
Les bonnes actions sont les gonds invisibles
De la porte du ciel.

V. HUGO.

Octobre 5.

Homme, le temps n'est rien pour un être immortel !
Malheur à qui l'épargne, insensé qui le pleure ;
Le temps est ton navire et non pas ta demeure.

LAMARTINE.

Octobre 6.

La simplicité plaît sans étude et sans art.
Tout charme en un enfant, dont la langue sans fard,
A peine du filet encor débarrassée,
Sait d'un air innocent bégayer sa pensée.
Le faux est toujours fade, ennuyeux, languissant ;
Mais la nature est vraie, et d'abord on la sent ;
C'est elle seule en tout qu'on admire et qu'on aime.

BOILEAU.

Octobre 7.

Ne doutons pas. Croyons. Emplissons l'étendue
De notre confiance, humble, ailée, éperdue.
    Soyons l'immense Oui.
Que notre cécité ne soit pas un obstacle ;
A la création donnons ce grand spectacle
    D'un aveugle ébloui.

V. HUGO.

Octobre 8.

O Dieu ! par quelle route inconnue aux mortels
Ta sagesse conduit ses desseins éternels !

RACINE.

Octobre 9.

Du tronc qui nourrit sa vigueur,
La branche une fois détachée
Ne reprend jamais sa fraîcheur ;
Et l'on arrose en vain la fleur
Quand la racine est desséchée.

PARNY.

Octobre 10.

Le secret ne peut point excuser nos erreurs,
Et notre premier juge est au fond de nos cœurs.

GRESSET.

Octobre 11.

Soyez béni! mon Dieu, vous qui daignez me rendre
L'innocence et son noble orgueil.

GILBERT.

Octobre 12.

Oh! que les cieux sont grands! et que l'esprit de
[l'homme
Plie et tombe de haut, mon Dieu, quand il te nomme!
Quand, descendant du dôme où s'égaraient ses yeux,
Atome, il se mesure à l'infini des cieux,
Et que, de ta grandeur soupçonnant le prodige,
Son regard s'éblouit, et qu'il se dit : Que suis-je?
Oh! que suis-je, Seigneur, devant les cieux et toi?

LAMARTINE.

Octobre 13.

D'un œil critique et juste il faut s'examiner,
Se corriger cent fois, ne se rien pardonner.

VOLTAIRE.

Octobre 14.

Le bien ou le mal se moissonne
Selon qu'on sème ou le mal ou le bien.

LAMOTTE.

Octobre 15.

Que vous ai-je donc fait, ô mes jeunes années,
Pour m'avoir fui si vite et vous être éloignées
　　Me croyant satisfait ?
Hélas ! pour revenir m'apparaître si belles,
Quand vous ne pouvez plus me prendre sur vos ailes,
　　Que vous ai-je donc fait ?

V. HUGO.

Octobre 16.

Le roseau doit plier.
L'homme sans patience est la lampe sans huile,
Et l'orgueil en colère est mauvais conseiller.

A. DE MUSSET.

Octobre 17.

Paix au travail ! paix au sol qu'il féconde !
Que par l'amour les hommes soient unis ;
Plus près des cieux qu'ils replacent le monde ;
Que Dieu nous dise : « Enfants, je vous bénis. »

BÉRANGER.

Octobre 18.

Pour moi, je chanterai le maître que j'adore
Dans le bruit des cités, dans la paix des déserts,
Couché sur le rivage, ou flottant sur les mers,
Au déclin du soleil, au réveil de l'aurore.

LAMARTINE.

Octobre 19.

Sa bonté, son pouvoir, sa justice est immense ;
C'est lui seul qui punit, lui seul qui récompense.

CORNEILLE.

Octobre 20.

L'Evangile au chrétien ne dit en aucun lieu :
Sois dévot; elle dit : Sois doux, simple, équitable,
Car d'un dévot souvent au chrétien véritable
La distance est deux fois plus longue à mon avis
Que du pôle antarctique au détroit de Davis.

BOILEAU.

Octobre 21.

D'un cœur qui t'aime,
Mon Dieu, qui peut troubler la paix ?
Il cherche en tout la volonté suprême,
Et ne se cherche jamais.
Sur la terre, dans le ciel même,
Est-il d'autre bonheur que la tranquille paix
D'un cœur qui t'aime ?

RACINE.

Octobre 22.

Nous ne voyons jamais qu'un seul côté des choses ;
L'autre plonge en la nuit d'un mystère effrayant.
L'homme subit le joug sans connaître les causes.
Tout ce qu'il voit est court, inutile et fuyant.

V. HUGO.

Octobre 23.

Ce n'est que pour donner que le Seigneur nous donne.

FLORIAN.

Octobre 24.

Employer ses talents, son temps, et sa vertu,
Servir au bien public, illustrer sa patrie,
Penser enfin, c'est là que commence la vie.

GRESSET.

Octobre 25.

Oui, sans cesse un monde se noie
Dans les feux d'un nouveau soleil.
Les cieux sont toujours dans la joie,
Toujours un astre à son réveil ;
Partout où s'abaisse ta vue,
Un soleil levant te salue ;
Les cieux sont un hymne sans fin!
Et des temps que tu fais éclore,
Chaque heure, ô Dieu, n'est qu'une aurore,
Et l'éternité qu'un matin.

LAMARTINE.

Octobre 26.

Reconnaissez du ciel la sagesse profonde,
Et croyez que tout est pour le mieux dans le monde.

COLLIN D'HARLEVILLE.

Octobre 27.

Aux yeux des immortels et devant leur splendeur,
Il n'est point de bassesse, il n'est point de grandeur.
Le plus vil des humains, le roi le plus auguste,
Tout est égal pour eux ; rien n'est grand que le juste.

VOLTAIRE.

Octobre 28.

Que ma bouche et mon cœur, et tout ce que je suis,
Rendent honneur au Dieu qui m'a donné la vie,
Dans les craintes, dans les ennuis,
En ses bontés mon âme se confie.

RACINE.

Octobre 29.

Les cieux instruisent la terre
A révérer leur auteur.
Tout ce que leur globe enserre
Célèbre un Dieu créateur.

J.-B. ROUSSEAU.

Octobre 30.

Qui marche assurément n'a point peur de tomber ;
Dieu fait part, au besoin, de sa force infinie.

CORNEILLE.

Octobre 31.

C'est là de tous nos maux le fatal fondement.
Des jugements d'autrui nous tremblons follement ;
Et chacun l'un de l'autre adorant les caprices,
Nous cherchons hors de nous nos vertus et nos vices.

BOILEAU.

Novembre 1.

Levez donc vos regards vers les célestes plaines,
Cherchez Dieu dans son œuvre, invoquez dans vos
      Ce grand consolateur.   [peines

LAMARTINE.

Novembre 2.

Qu'il vienne d'en bas ou du faîte,
Selon le dire du prophète,
Justice à chacun sera faite,
Ainsi qu'il aura mérité ;
Or donc, gloire à Dieu notre père.
Si l'impie a vécu prospère,
Que le juste en son âme espère !
Gloire à la sainte Trinité !

A. DE MUSSET.

Novembre 3.

Quand la paix répand son baume
Sur les maux qu'on endura,
N'exilez point de son chaume
L'aveugle qui s'égara.

BÉRANGER.

Novembre 4.

Donnez ! pour être aimés du Dieu qui se fit homme,
Pour que le méchant même en s'inclinant vous nomme,
Pour que votre foyer soit calme et fraternel ;
Donnez ! afin qu'un jour, à votre heure dernière,
Contre tous vos péchés vous ayez la prière
    D'un mendiant puissant au ciel !

V. HUGO.

Novembre 5.

Le bonheur tient à peu de chose ;
Un rien le fait évanouir.

FLORIAN.

Novembre 6.

Que la simplicité d'une vertu paisible
Est sûre d'être heureuse, en suivant le Seigneur !

J.-B. ROUSSEAU.

Novembre 7.

Combien de temps, Seigneur, combien de temps encore
Verrons-nous contre toi les méchants s'élever ?

RACINE.

Novembre 8.

Espérer, attendre, c'est vivre !

LAMARTINE.

Novembre 9.

Ridicule une fois, on vous le croit toujours ;
L'impression demeure. En vain, croissant en âge,
On change de conduite, on prend un air plus sage,
On souffre encor longtemps de ce vieux préjugé ;
On est suspect encor lorsqu'on est corrigé ;
Et j'ai vu quelquefois payer dans la vieillesse
Le tribut des défauts qu'on eut dans sa jeunesse.

VOLTAIRE.

Novembre 10.

Le mal, c'est que chacun, dédaignant l'humble vie,
Sur plus riche que soi jette un regard d'envie.

PONSARD.

Novembre 11.

Oh ! c'est un beau triomphe à votre loi sublime,
Seigneur, pour vos regards dont le feu nous ranime,
C'est un spectacle auguste, ineffable et bien doux
A l'homme comme à l'ange, à l'ange comme à vous,
Qu'une chose en passant par l'impie avilie,
Qui dès que votre esprit la touche, se délie,
Et sans même songer à son indigne affront,
Chante, l'amour au cœur et le blasphème au front !

V. HUGO.

Novembre 12.

Le bonheur peut conduire à la grandeur suprême.
Mais pour y renoncer il faut la vertu même ;
Et peu de généreux vont jusqu'à dédaigner,
Après un sceptre acquis, la douceur de régner.

CORNEILLE.

Novembre 13.

La hauteur est partout odieuse, importune :
Avec la politesse, un homme de fortune [gourmé [1],
Est mille fois plus grand, qu'un grand toujours
D'un limon précieux se présumant formé,
Traitant avec dédain et même avec rudesse
Tout ce qui lui paraît d'une moins noble espèce,
Croyant que l'on est tout quand on est de son sang,
Et croyant qu'on n'est rien au-dessous de son rang.

DESTOUCHES.

Novembre 14.

Si le péché, poussé de ce saint mouvement,
Reconnaissant son crime, aspire au sacrement,
Souvent Dieu tout à coup d'un vrai zèle l'enflamme,
Le Saint-Esprit revient habiter dans son âme,
Y convertit enfin les ténèbres en jour
Et la crainte servile en filial amour.

BOILEAU.

Novembre 15.

Ah ! si j'ai quelquefois, au jour de l'infortune,
Blasphémé du soleil la lumière importune,
Si j'ai maudit les dons que j'ai reçus de toi,
Dieu qui lis dans nos cœurs, ô Dieu ! pardonne-moi.

LAMARTINE.

1. *Gourmé*, affectant un maintien grave et fier.

Novembre 16.

Jusques à quand, mortels farouches,
Vivrons-nous de haine et d'aigreur?
Prêterons-nous toujours nos bouches
Au langage de la fureur ?
Implacable dans ma colère,
Je m'applaudis de la misère
De mon ennemi terrassé :
Il se relève, je succombe,
Et moi-même à ses pieds je tombe,
Frappé du trait que j'ai lancé.

J.-B. ROUSSEAU.

Novembre 17.

L'amitié, charme de la vie,
Peut seule du bonheur alléger le fardeau.

STASSART.

Novembre 18.

Aimons-nous toujours davantage !
Unissons-nous mieux chaque jour.
Les arbres croissent en feuillage ;
Que notre âme croisse en amour.

V. HUGO.

Novembre 19.

Le mérite modeste est souvent obscurci :
Le malheur est partout, mais le bonheur aussi.

VOLTAIRE.

Novembre 20.

Tout donne, tout reçoit ici-bas des secours,
Et le faible et le fort l'un à l'autre ont recours.

DU RESUEL

Novembre 21.

C'est le Dieu des chrétiens, c'est le mien, c'est le
[votre ;
Et la terre et le ciel n'en connaissent point d'autre.

CORNEILLE.

Novembre 22.

En tous temps, en tous lieux, on a dit qu'un bienfait
Porte avec lui sa récompense.

DE LA BOUTRAVE.

Novembre 23.

On comprend le printemps, l'aube, le nid, la rose;
Mais pourquoi les glaçons? pourquoi le houx morose?
Pourquoi l'autour, ce criminel?
Pourquoi cette ombre froide où le jour se termine?
Pourquoi la bête fauve, et pourquoi la vermine?
Pourquoi vous? répond l'Eternel.

V. HUGO.

Novembre 24.

Ah! ne vous faites pas d'illusion, vivants,
Et d'où sortez-vous donc pour croire que vous êtes
Meilleurs que Dieu, qui met les astres sur nos têtes,
Et qui vous éblouit à l'heure du réveil,
De ce prodigieux sourire, le Soleil!

V. HUGO.

Novembre 25.

D'où me vient, ô mon Dieu, cette paix qui m'inonde?
D'où me vient cette foi dont mon cœur surabonde,
A moi qui tout à l'heure incertain, agité,
Et sur les flots du doute à tout vent ballotté,
Cherchais le bien, le vrai, dans les rêves des sages,
Et la paix dans des cœurs retentissants d'orages?
A peine sur mon front quelques jours ont glissé,
Il me semble qu'un siècle et qu'un monde ont passé,
Et que, séparé d'eux par un abîme immense,
Un nouvel homme en moi renaît et recommence.

LAMARTINE.

Novembre 26.

L'honneur est comme une île escarpée et sans bords,
On n'y peut plus rentrer dès qu'on en est dehors.

BOILEAU.

Novembre 27.

Dans le monde, où tout l'inquiète,
L'homme est en proie à la douleur ;
A peine est-il dans la retraite,
Que le calme naît dans son cœur.

FLORIAN.

Novembre 28.

Connaissez donc le monde, et songez qu'aujourd'hui
Il faut que vous viviez pour vous moins que pour lui.

VOLTAIRE.

Novembre 29.

Heureux l'homme occupé de l'éternel destin,
Qui, tel qu'un voyageur qui part de grand matin,
Se réveille, l'esprit rempli de rêverie,
Et, dès l'aube du jour, se met à lire et prie !

V. HUGO.

Novembre 30.

Qu'est-ce que Dieu?

Il est dans le lion, la force et le courage;
Dans l'aigle la fierté qui lutte avec l'orage;
Il est dans l'homme la vertu, dans la femme, l'amour,
Il est l'étoile dans la nuit, le soleil dans le jour;
Le ciel est trop étroit pour prendre sa mesure,
Et son immensité déborde la nature.

CH. LULLIER.

Décembre 1.

Est riche qui ne peut et ne veut demander
Bonheur, c'est le jouir, et non le posséder.

MONTAIGNE.

Décembre 2.

Elevez-vous, voix de mon âme,
Avec l'aurore, avec la nuit !
Elancez-vous comme la flamme,
Répandez-vous comme le bruit !
Flottez sur l'aile des nuages,
Mêlez-vous aux vents, aux orages,
Au tonnerre, au fracas des flots :
L'homme en vain ferme sa paupière,
L'hymne éternel de la prière
Trouvera partout des échos !

LAMARTINE.

Décembre 3.

En ce monde n'est point d'arrêt,
Le temps court et ainsi nous mène ;
Et qui quiert richesse mondaine,
Il la faut gaguer loyamment.

POÉSIE DU XVᵉ S.

Décembre 4.

Honore le Seigneur, marche dans sa sagesse ;
Que surtout l'indigent trouve en toi son appui ;
Partage tes habits et ton pain avec lui ;
Reçois entre tes bras l'orphelin qui t'implore ;
Riche, donne beaucoup, et pauvre, donne encore.

FLORIAN.

Décembre 5.

Tous les biens d'ici-bas sont faux et passagers ;
Leur possession trouble, et leur perte est légère.
Le sage gagne assez, quand il peut s'en défaire.

REGNARD.

Décembre 6.

Jamais nous ne goûtons de parfaite allégresse ;
Nos plus heureux succès sont mêlés de tristesse ;
Toujours quelques soucis en ces événemens
Troublent la pureté de nos contentemens.

CORNEILLE.

Décembre 7.

Seigneur, ta puissance invincible
N'a rien d'égal que ta bonté ;
Le miracle le moins possible
N'est qu'un jeu de ta volonté.

J.-B. ROUSSEAU.

Décembre 8.

Toi qui rends d'un regard l'immensité féconde,
Ame de l'univers, Dieu, père créateur,
Sous tous ces noms divers je crois en toi, Seigneur,
Et sans avoir besoin d'entendre ta parole,
Je lis au front des cieux mon glorieux symbole.

LAMARTINE.

Décembre 9.

Salut, ô divine Espérance !
Toi, dont le charme séducteur
Donne une aile à la jouissance,
Ote une épine à la douleur !

PHILIPP. DE LA MAD.

Décembre 10.

Dieu parle, il faut qu'on lui réponde.
Le seul bien qui me reste au monde
Est d'avoir quelquefois pleuré.

A. DE MUSSET.

Décembre 11.

Le doute seul nous replonge au néant ;
A bas le doute! à bas le mécréant.

PARNY.

Décembre 12.

Dans la loi du Très-Haut, son cœur humble et docile,
En cherchant ses devoirs, a trouvé ses plaisirs.

LA HARPE.

Décembre 13.

Le caractère est dans le monde
Un pouvoir plus sûr que l'esprit ;
De l'esprit aisément les péchés sont remis,
Mais non pas ceux du caractère.

DELILLE.

Décembre 14.

Des hommes la plupart voilà le faible affreux,
Ils blâment dans chacun ce qui domine en eux.

POISSON.

Décembre 15.

Il est une heure de silence,
Où la solitude est sans voix,
Où tout dort, même l'espérance,
Où nul zéphyr ne se balance
Sous l'ombre immobile des bois.

LAMARTINE.

Décembre 16.

.... Heureuse, heureuse l'enfance
Que le Seigneur instruit et prend sous sa défense !

RACINE.

Décembre 17.

Les biens que je donne à qui m'aime,
Jamais Dieu ne les retira.
L'or que sur le pauvre je sème
Pour le riche au ciel germera.

V. HUGO.

Décembre 18.

Pourquoi faut-il que dans la vie
Un rien puisse troubler notre félicité ?

...

Décembre 19.

Il voit, n'en doutez plus, il entend toute chose,
    Il lit jusqu'au fond de vos cœurs.
    L'artifice en vain se propose
    D'éluder ses arrêts vengeurs ;
Rien n'échappe aux regards de ce juge sévère ;
Le repentir lui seul peut calmer sa colère,
    Et fléchir ses justes rigueurs.

                  J.-B. ROUSSEAU.

Décembre 20.

Tel donne à pleines mains qui n'oblige personne ;
La façon de donner vaut mieux que ce qu'on donne.

                  CORNEILLE.

Décembre 21.

Seigneur, dans ton nom seul je mettrai mon espoir ;
Mes cris t'éveilleront, et mon humble prière
S'élèvera vers toi comme l'encens du soir !

                  LAMARTINE.

Décembre 22.

Le plus sage est celui qui ne pense point l'être ;
Qui, toujours pour un autre enclin vers la douceur,
Se regarde soi-même en sévère censeur,
Rend à tous ses défauts une exacte justice,
Et fait sans se flatter le procès à son vice,
Mais chacun pour soi-même est toujours indulgent.

BOILEAU.

Décembre 23.

Quand le bonheur vous guide, on doit suivre se
Et toujours s'élever sans regarder en bas.

DESTOUCHES.

Décembre 24.

.... Hélas ! de toutes parts,
L'ombre descend sur moi ; partout, partout le doute.
Où donc est le devoir ? Je cherche en vain la route...
Eclairez-moi, mon Dieu ! J'aimerai la douleur,
Je bénirai le mal qui me rendra meilleur !

H. DE BORNIER.

Décembre 25.

Les moineaux ont leurs nids, leurs nids les hirondelles ;
On dresse quelque fuye aux simples colombelles ;
Tout est mis à l'abri par le soin des mortels :
Et Dieu, seul immortel, n'a logis ni autels !

AGR. D'AUBIGNÉ.

Décembre 26.

Aux clous de cette croix l'Homme-Dieu vint s'offrir.
De son exemple au moins nous enseigne à souffrir !
Faisez avec moi la volonté céleste ;
Du cœur, prions : le Ciel fera le reste.

MILLEVOYE.

Décembre 27.

Chacun hors que soi. Chacun dans son ennui
Envie un autre humain qui se plaint comme lui.
Nul des autres mortels ne mesure les peines,
Qu'ils savent tous cacher comme il cache les siennes,
Et chacun, l'œil en pleurs, en son cœur douloureux
Se dit : « Excepté moi, tout le monde est heureux. »

A. CHÉNIER.

Décembre 28.

Usez, n'abusez point, le sage ainsi l'ordonne.
L'abstinence ou l'excès ne fit jamais d'heureux.

VOLTAIRE.

Décembre 29.

L'homme en ses passions toujours errant, sans guide,
A besoin qu'on lui mette et le mords et la bride :
Son pouvoir malheureux ne sert qu'à le gêner,
Et pour le rendre libre il le faut enchaîner.
C'est ainsi que souvent la main de Dieu l'assiste.

BOILEAU.

Décembre 30.

Quand l'astre à son midi, suspendant sa carrière,
M'inonde de chaleur, de vie et de lumière,
Dans ses puissants rayons, qui raniment mes sens,
Seigneur, c'est ta vertu, ton souffle que je sens.

LAMARTINE.

Décembre 31.

C'est le Seigneur qui nous nourrit,
C'est le Seigneur qui nous guérit :
Il prévient nos besoins, il adoucit nos gênes ;
Il assure nos pas craintifs.

J.-B. ROUSSEAU.

COULOMMIERS. — TYP. ALBERT PONSOT ET P. BRODARD.

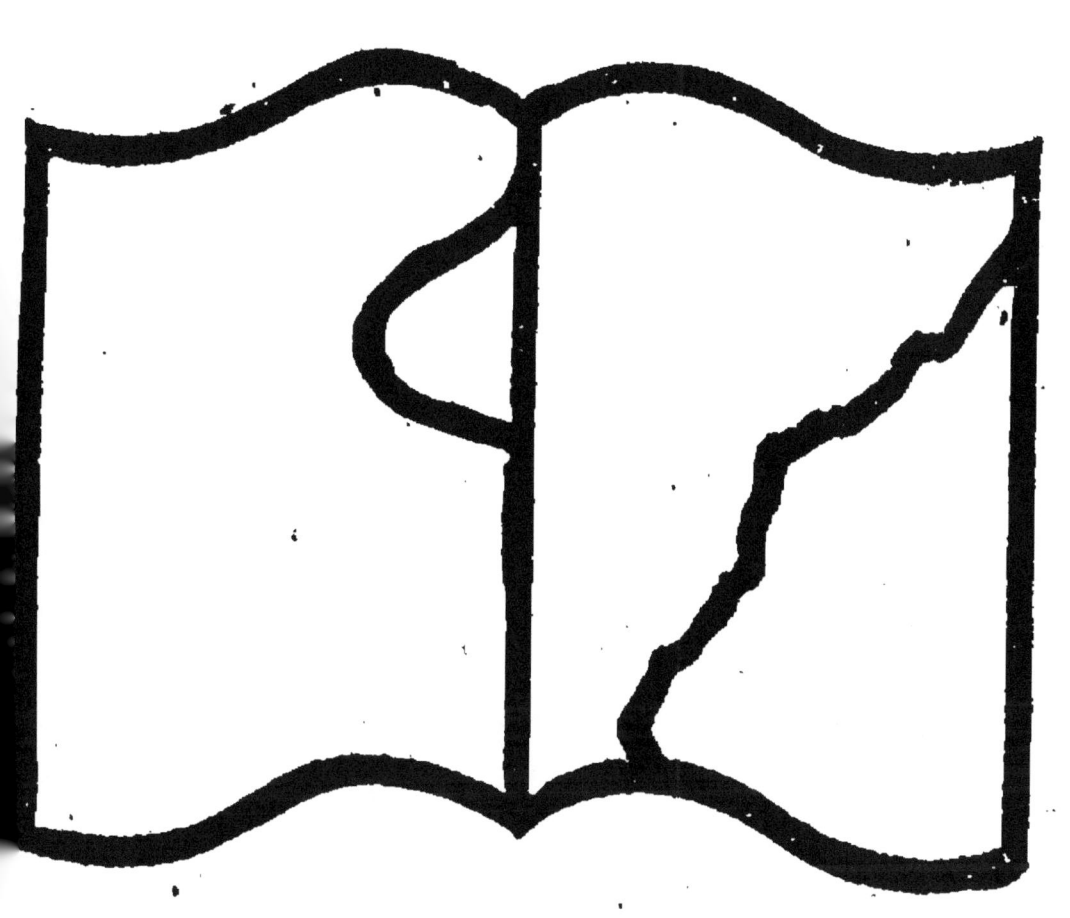

www.ingramcontent.com/pod-product-compliance
Lightning Source LLC
Chambersburg PA
CBHW060158100426
42744CB00007B/1083